Das neue Sach- und Machbuch 2

für den Sachunterricht in der Grundschule

herausgegeben von Gertrud Beck und Wilfried Soll

von
Gertrud Beck
Helga Eysel
Gabriele Grauel
Maria Otte
Reinhild Schäffer
Wilfried Soll

Arbeitsheft

Cornelsen

Ein Bauernhof

Gleichgewicht

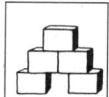

Die Wippe ist im Gleichgewicht.
Zeichne ein, was fehlt.

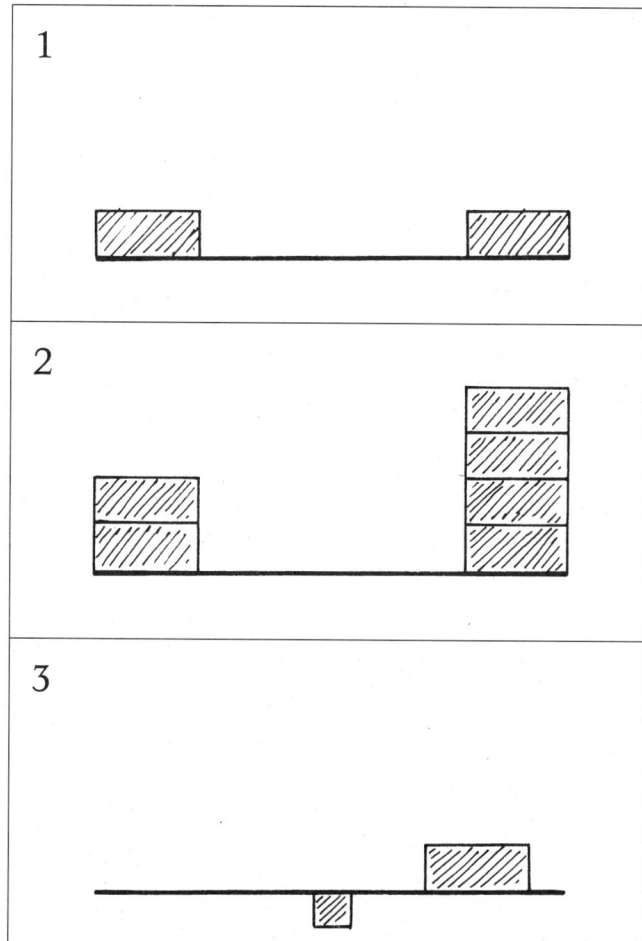
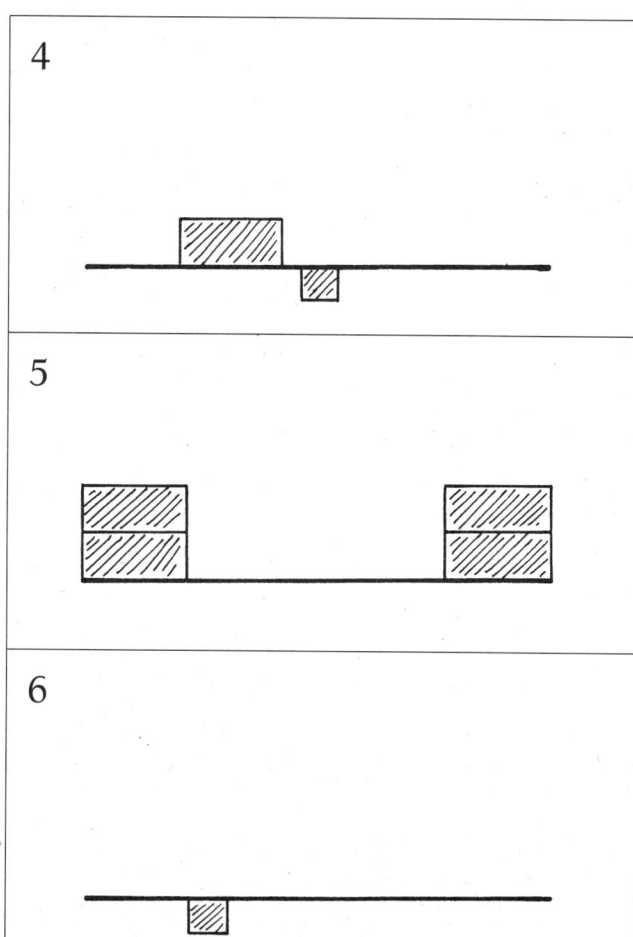

Die Wippe ist nicht im Gleichgewicht.
Zeichne weitere Gewichte ein.
Es gibt mehrere Möglichkeiten.

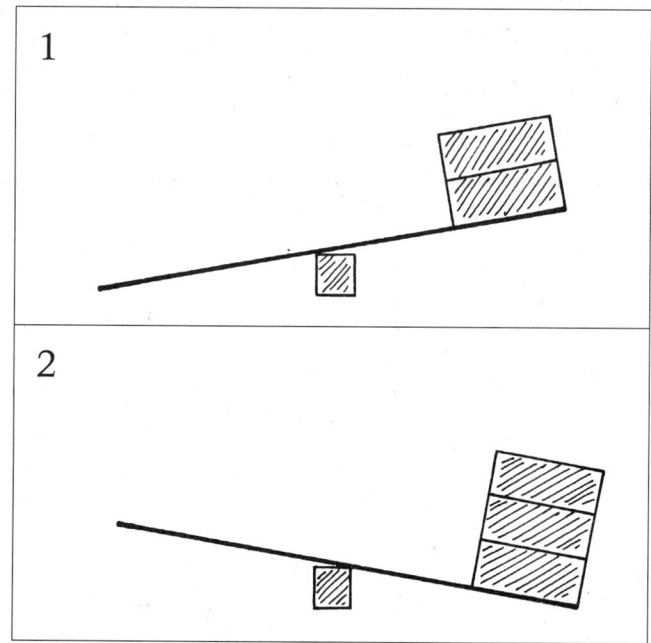
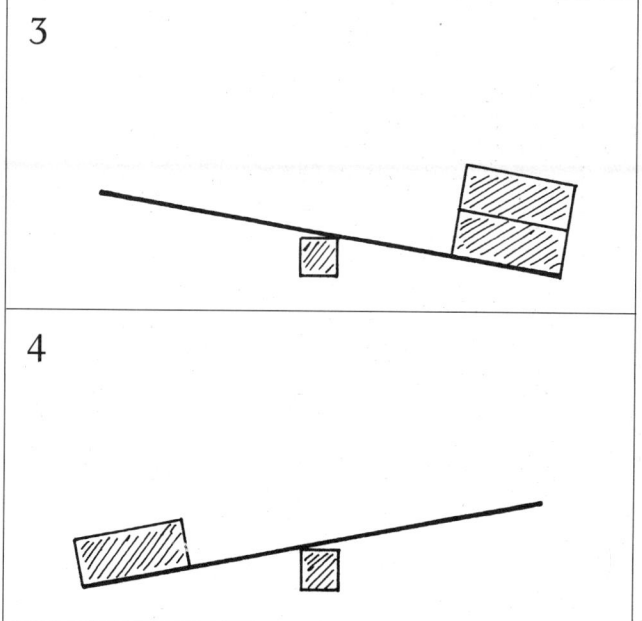

# Ob das kippt?

Kreuze an.

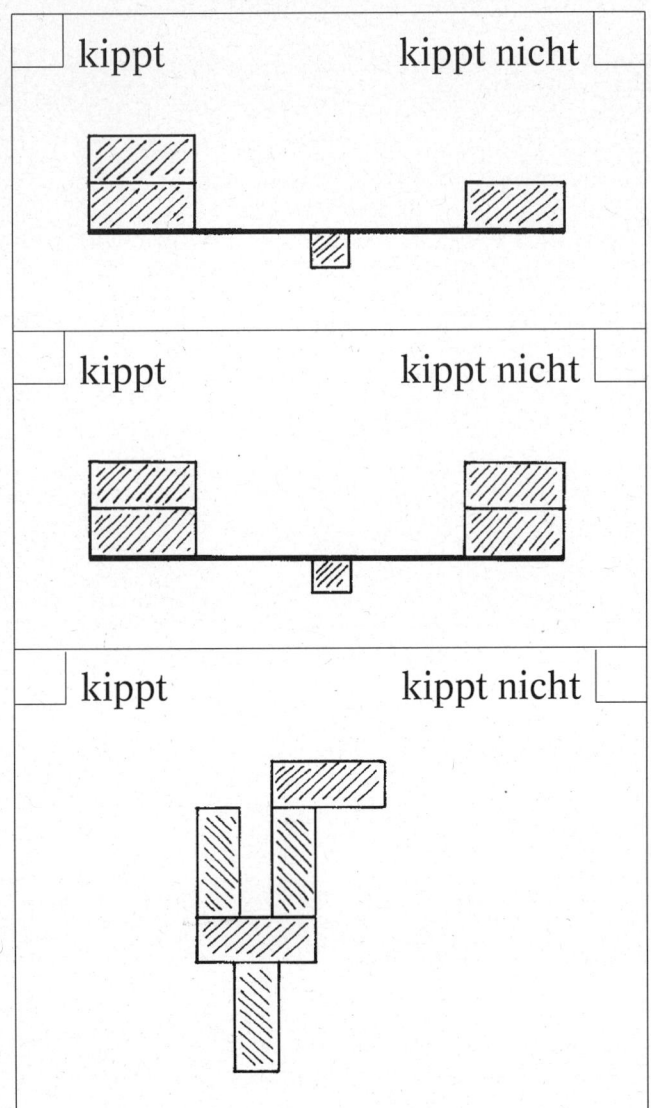
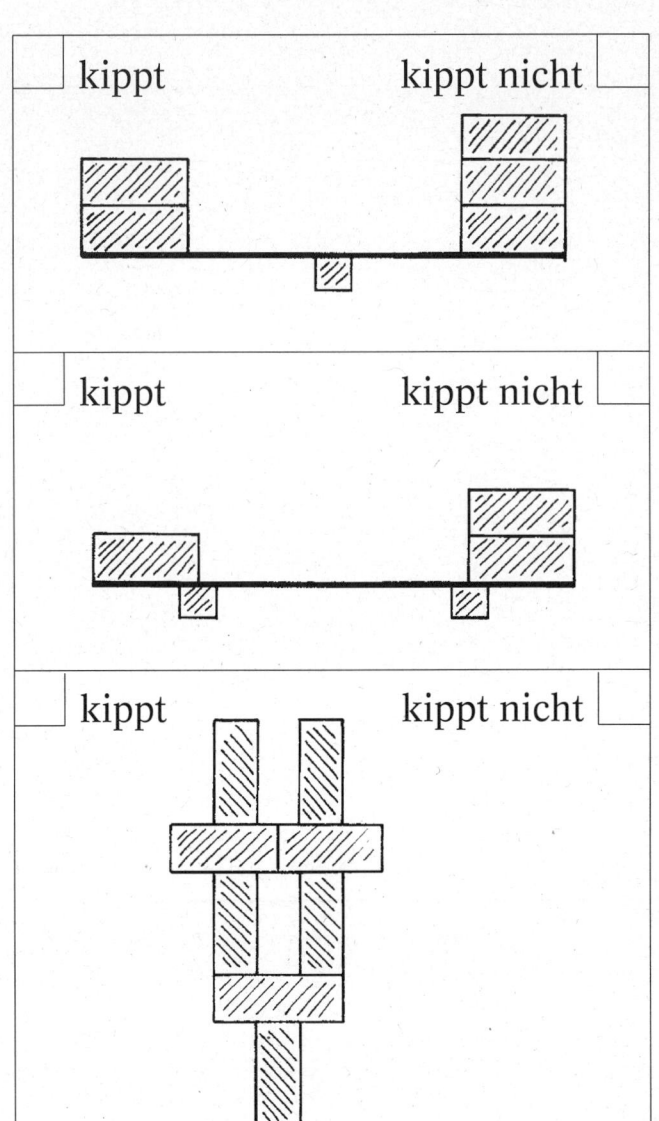

Zeichne ein, was du bauen möchtest.
Laß deinen Nachbarn entscheiden, ob es hält.

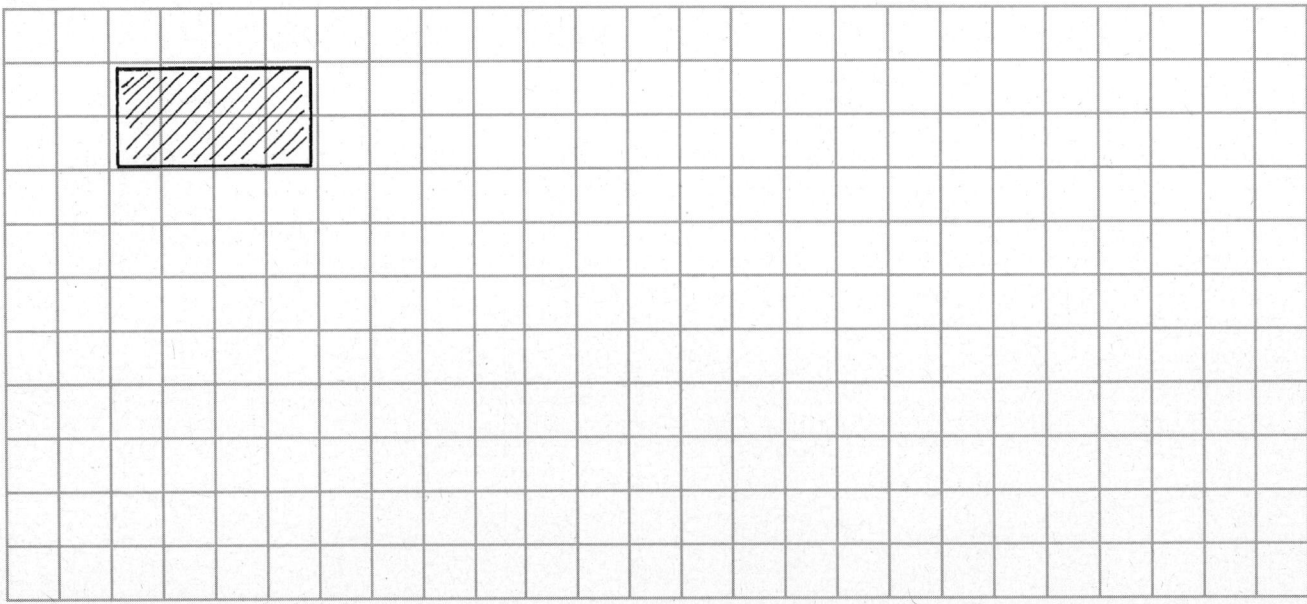

Ein Fisch ✂ 9

© 1994 Cornelsen Verlag, Berlin
Alle Rechte vorbehalten.

Beobachte, wie eure Fische die Flossen gebrauchen.

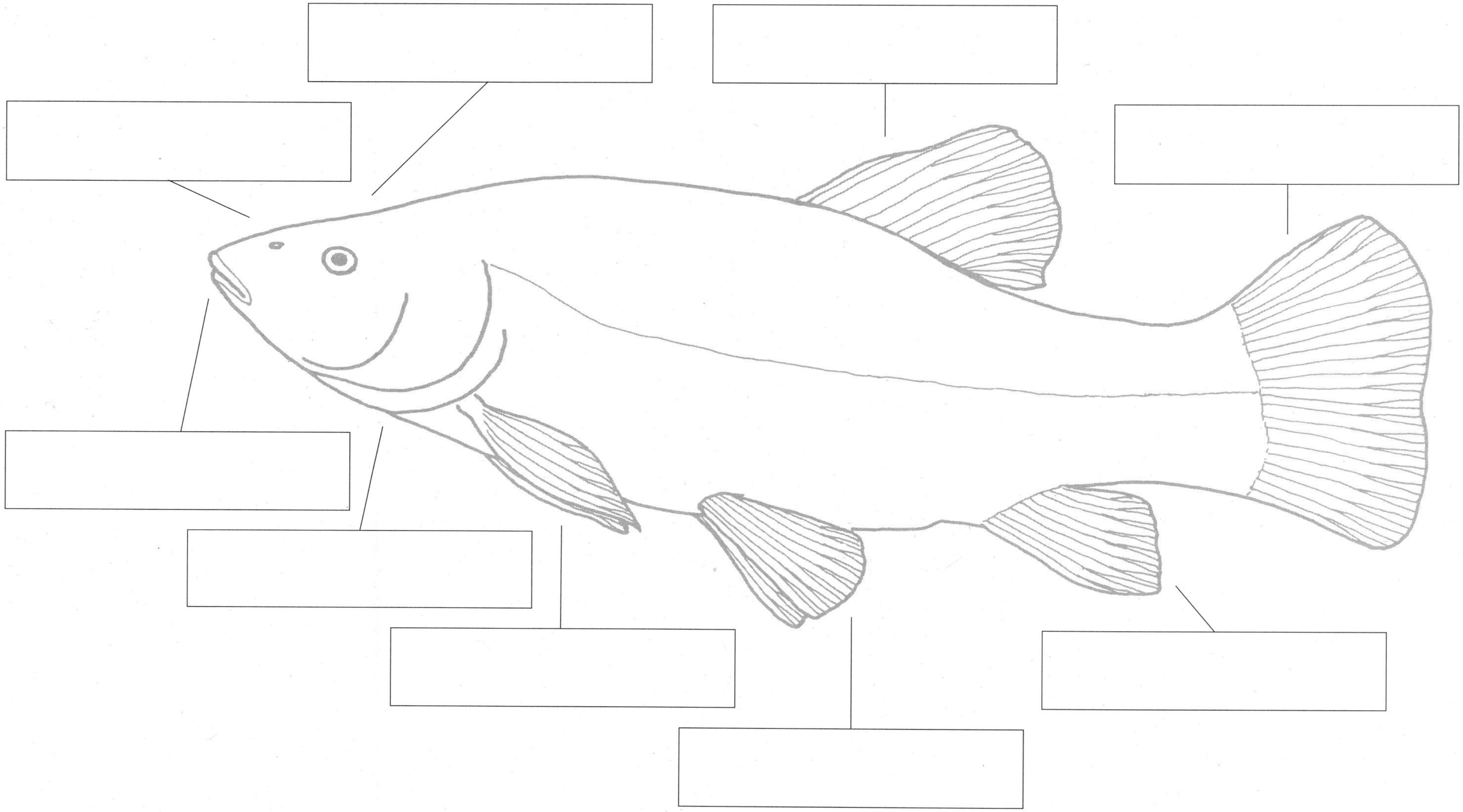

So entwickeln sich Guppys

Das ist ein Guppyweibchen, kurz bevor es Junge bekommt.

Hier sind die jungen Guppys gerade einen Tag alt.

So sehen sie nach 2 Wochen aus.

Zeichne hier Wasserpflanzen, zwischen denen sich die jungen Fische gut verstecken können!

Das ist ein junges Guppymännchen.

Das ist ein junges Guppyweibchen.

Hier ist das Guppymänchen erwachsen.

Das Guppyweibchen bekommt nun Junge.

Ausschneidebogen für Seite 8
"So entwickeln sich Guppys"

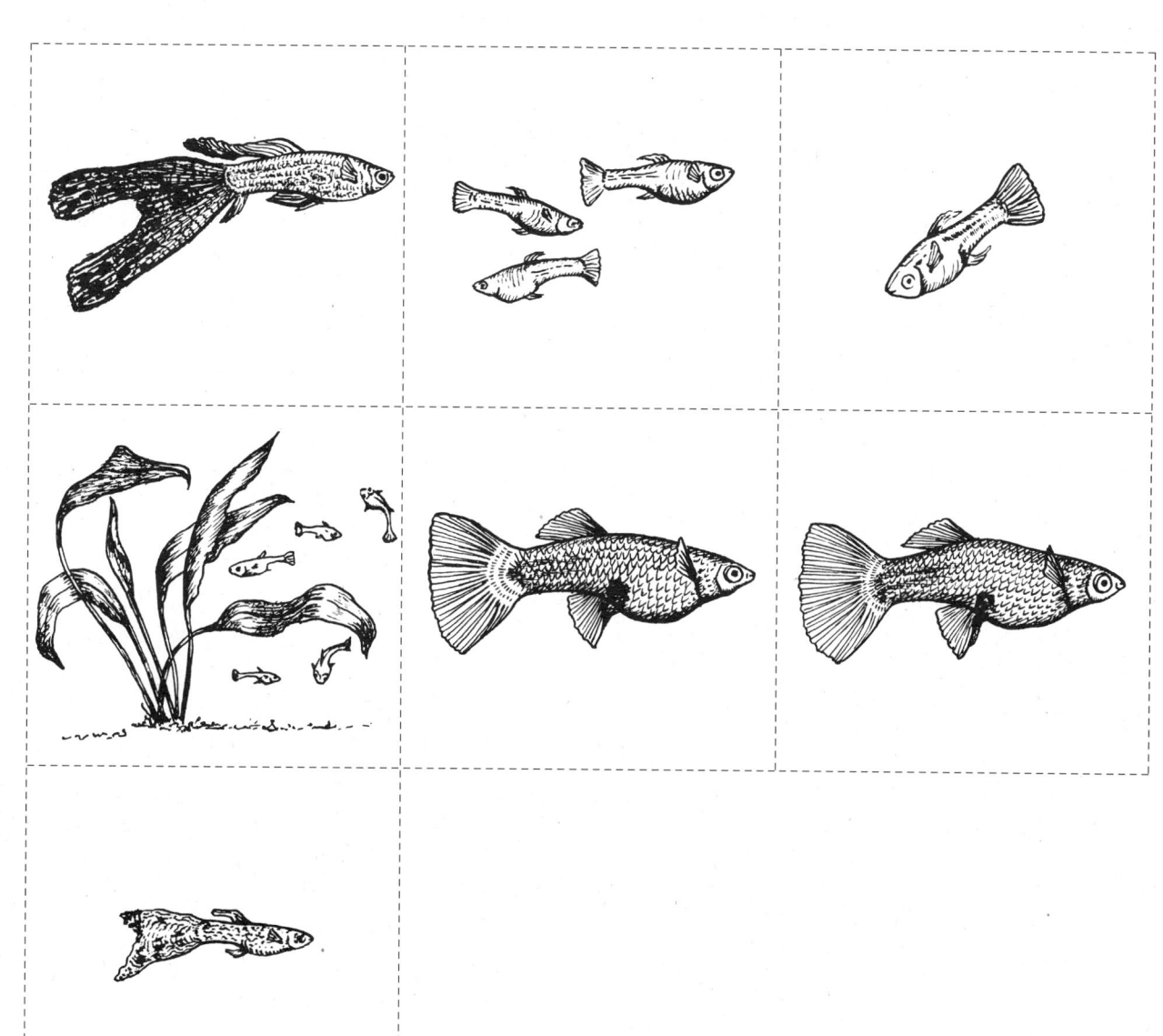

© 1994 Cornelsen Verlag, Berlin
Alle Rechte vorbehalten.

Ausschneidebogen für Seite 7
"Ein Fisch"

Auge	Rückenflosse	Brustflossen
Nase	Afterflosse	Bauchflossen
Maul	Schwanzflosse	Kiemendeckel

Von Fischen im Aquarium

Mein Liebling

Am liebsten habe ich den Panzerwels. Er ist so drollig. Er schnuffelt immer am Boden herum. Er versteckt sich, aber er ist auch neugierig. Er guckt mit seinen Stielaugen nach allen Seiten. Er spielt immer verrückt, wenn er aufgeregt ist. Dann sieht es aus, als wenn er ganz hohe Sprünge macht.

Detlef, Kl. 2b

Vom Fischlein

Ein ganz kleines Fischlein
im Becken
beklagte sich heut
bei den Schnecken:
Meine hungrige Mutter,
die hält mich für Futter,
drum muß ich ich mich
dauernd verstecken.

Mein schönster Guppy

Male ihn mit vielen Farben aus. Verwende Buntstifte.

Tiere im Zoo

© 1994 Cornelsen Verlag, Berlin
Alle Rechte vorbehalten.

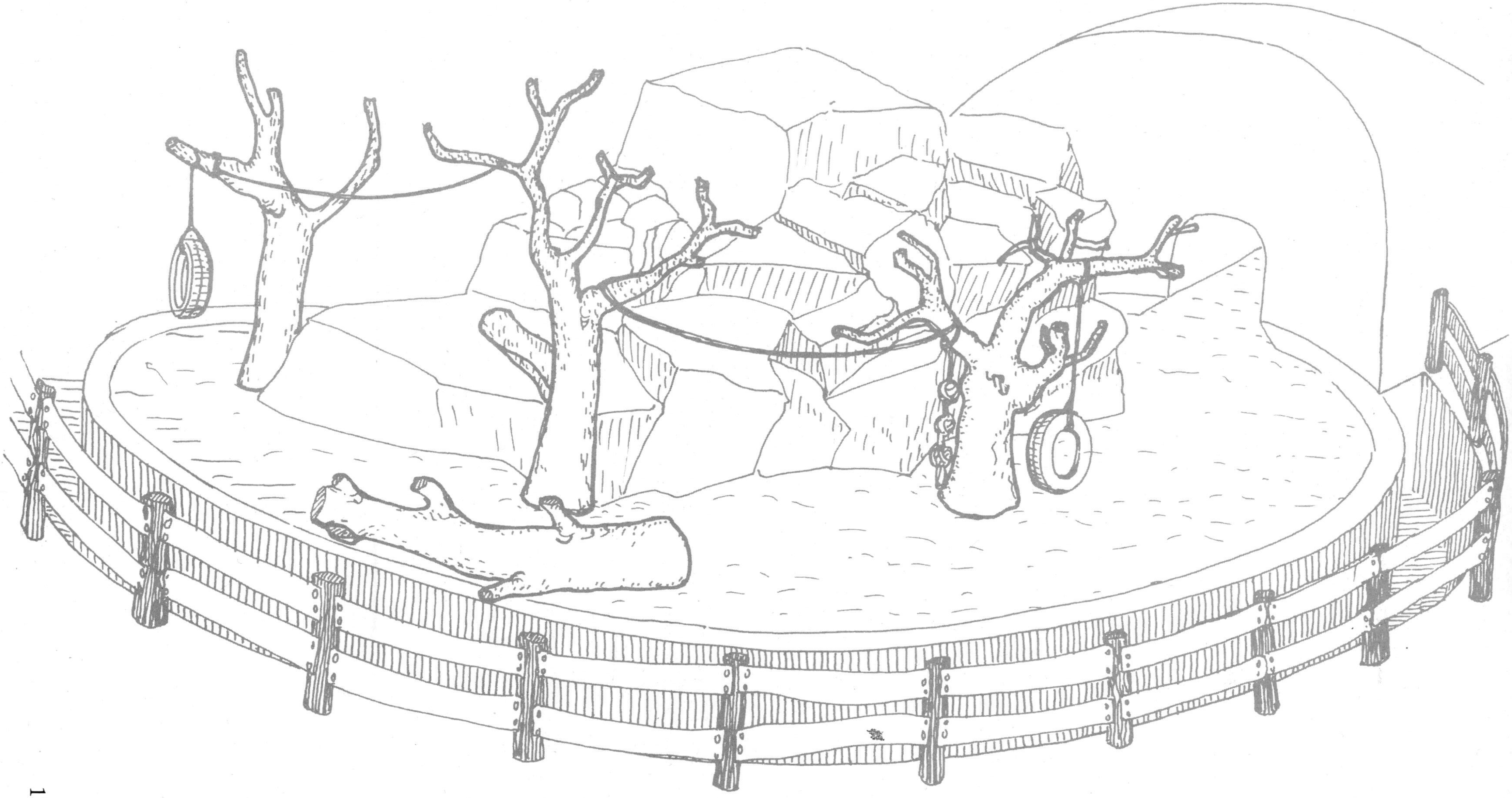

Tiere im Zoo

© 1994 Cornelsen Verlag, Berlin
Alle Rechte vorbehalten.

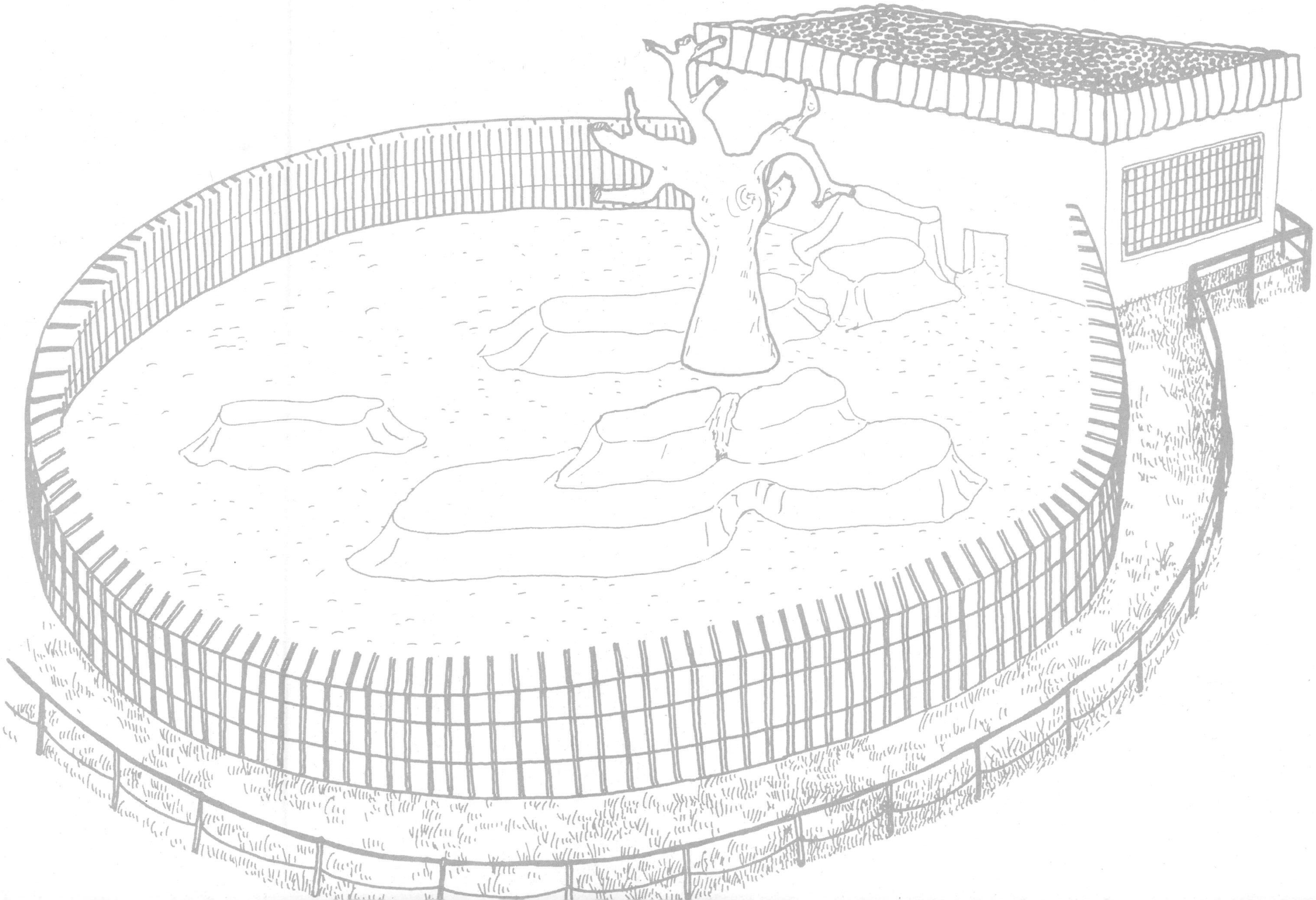

15

Tiere im Zoo

Tiere im Zoo

21 bis 25

© 1994 Cornelsen Verlag, Berlin
Alle Rechte vorbehalten.

Ausschneidebogen für die Seiten 13–19
„Tiere im Zoo"

Ausschneidebogen für die Seiten 13–19
„Tiere im Zoo"

Ausschneidebogen für die Seiten 13–19

„Tiere im Zoo"

Eine Tulpe untersuchen

Besorge fast abgeblühte Tulpen aus einem Garten. Schau die Blumen genau an und trage ein:

Zwiebel, Stengel, Stempel, Staubblatt, Wurzeln, Blatt, Blütenblatt.

Schneide den Stempel mit einem scharfen Messer von oben nach unten in der Mitte durch.
Vielleicht hilft dir dabei ein Erwachsener.
Zeichne die Samenkerne ein.

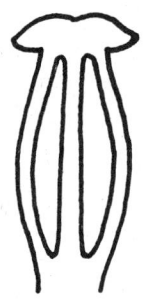

Ein Frühlingsblumen-Rätsel
1 Blüht zu Ostern
2 Blüht weiß mit gelber Mitte
3 Blüht blau, gelb oder lila
4 Blüht wie ein blauer Stern
5 Blüht weiß-grün im März
6 Blüht oft, wenn noch Schnee liegt

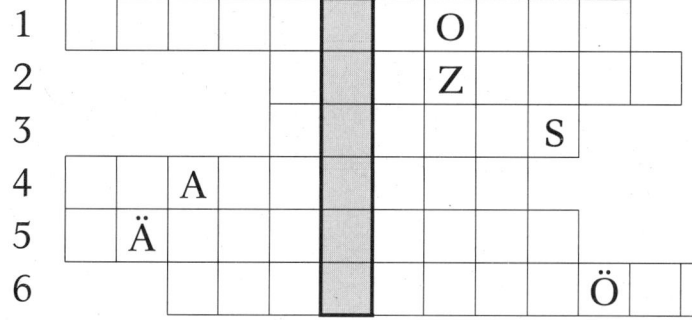

Lösung:
Die Blumen blühen im _____

27

Mein Wiesenblumen-Buch
Wiesen-Glockenblume

Wiesen-Glockenblume
- blüht von Mai bis Juli
- wird 30 bis 60 Zentimeter hoch
- wächst gern auf feuchten Wiesen
- hat blauviolette Glockenblüten mit 5 Zipfeln.

© 1994 Cornelsen Verlag, Berlin
Alle Rechte vorbehalten.

Mein Wiesenblumen-Buch
Klatschmohn

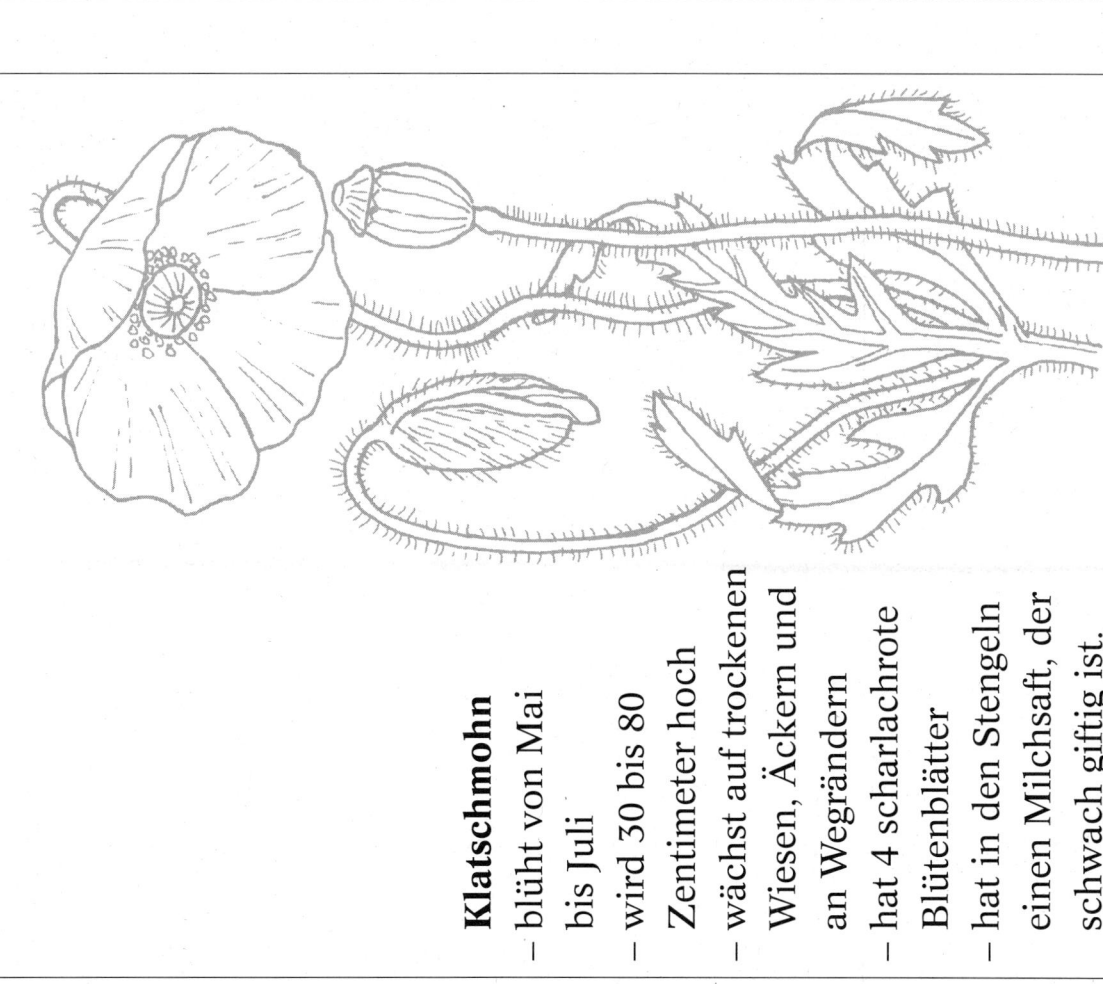

Klatschmohn
- blüht von Mai bis Juli
- wird 30 bis 80 Zentimeter hoch
- wächst auf trockenen Wiesen, Äckern und an Wegrändern
- hat 4 scharlachrote Blütenblätter
- hat in den Stengeln einen Milchsaft, der schwach giftig ist.

© 1994 Cornelsen Verlag, Berlin
Alle Rechte vorbehalten.

Mein Wiesenblumen-Buch
Wilde Malve

Wilde Malve
– blüht von Juli bis September
– wird 20 bis 120 Zentimeter hoch
– wächst auf Wiesen, Äckern und an Wegrändern
– hat rotviolette Blüten mit 5 Blütenblättern
– ist eine Heilpflanze, aus ihren Blütenblättern kann man roten Tee kochen.

© 1994 Cornelsen Verlag, Berlin
Alle Rechte vorbehalten.

Mein Wiesenblumen-Buch
Hornklee

Hornklee
– blüht von Mai bis September
– wird 5 bis 30 Zentimeter hoch
– wächst auf trockenen Wiesen
– hat 3 bis 6 kleine gelbe Blüten oben an jedem Stengel
– trägt später Früchte, die wie kleine Hörner gekrümmt sind.

© 1994 Cornelsen Verlag, Berlin
Alle Rechte vorbehalten.

Mein Wiesenblumen-Buch
Wiesen-Salbei

Wiesen-Salbei
– blüht von Mai bis Juli
– wird 20 bis 60 Zentimeter hoch
– wächst auf trockenen Wiesen, auf Äckern und an Wegrändern
– hat kleine blauviolette Blüten. Sie stehen in mehreren Stockwerken rings um den Stengel.

© 1994 Cornelsen Verlag, Berlin
Alle Rechte vorbehalten.

Mein Wiesenblumen-Buch
Wiesen-Flockenblume

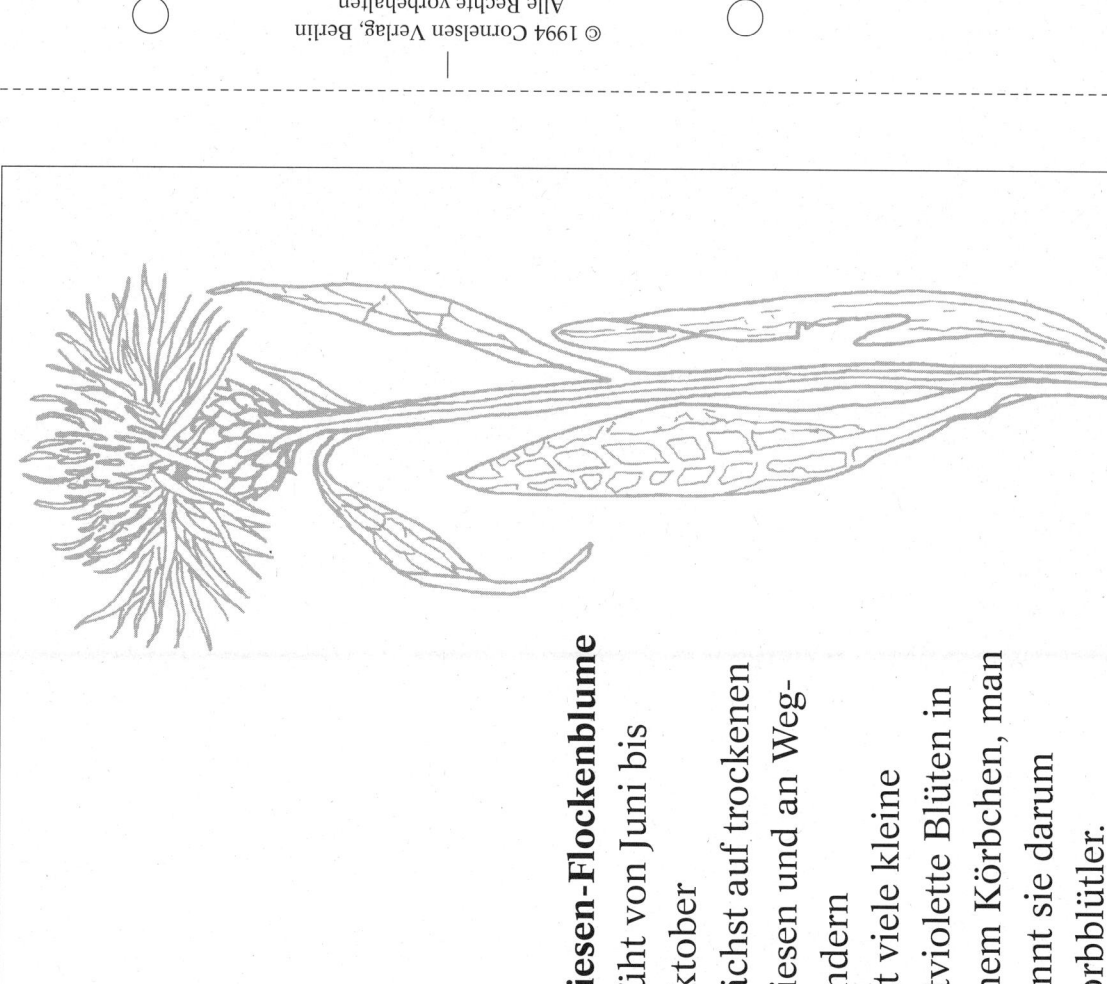

Wiesen-Flockenblume
– blüht von Juni bis Oktober
– wächst auf trockenen Wiesen und an Wegrändern
– hat viele kleine rotviolette Blüten in einem Körbchen, man nennt sie darum Korbblütler.

© 1994 Cornelsen Verlag, Berlin
Alle Rechte vorbehalten.

 # Was dauert länger?

Trage deine Vermutungen so ein:

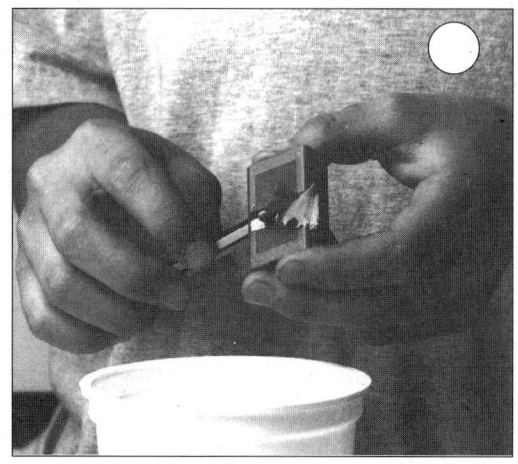 oder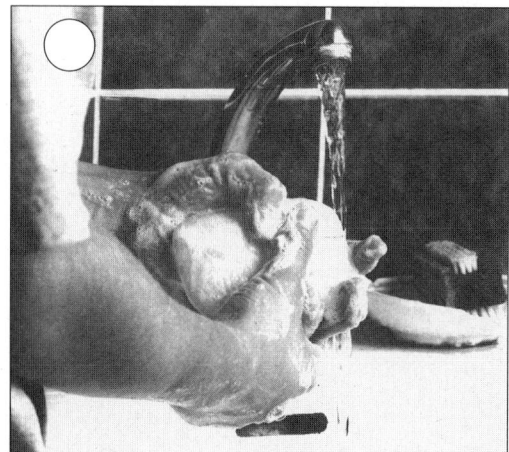

● 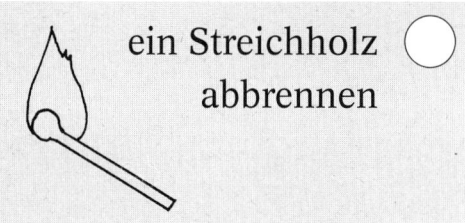 ein Streichholz abbrennen oder die Patrone beim Füller wechseln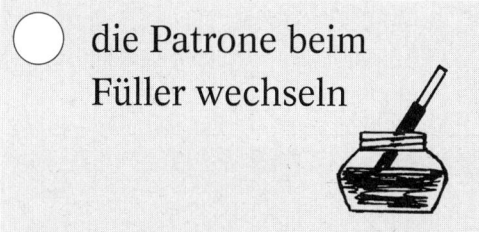

einen Luftballon aufblasen  oder eine Flasche Wasser ausleeren

● einen Clown an die Tafel malen  oder ein Gedicht aufsagen

einmal um den Schulhof laufen  oder

Überprüfe deine Vermutungen und trage die Ergebnisse der Versuche so ein:

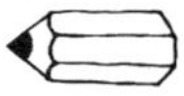

Wir messen Zeit

Schreibt auf, womit ihr meßt:
Wir messen mit _____

	geschätzt	gemessen
Streichholz abbrennen		
Schultreppe hinaufgehen		
Hände waschen		
große Pause		
Lied singen		
_____		
_____		

Sanduhr, Puls, Atem, Wasserhahn, Warnblinkleuchte...
Eignen sich diese Dinge zum Messen der Zeit gleich gut?
Hast du Vorteile oder Nachteile entdeckt?

Jahr

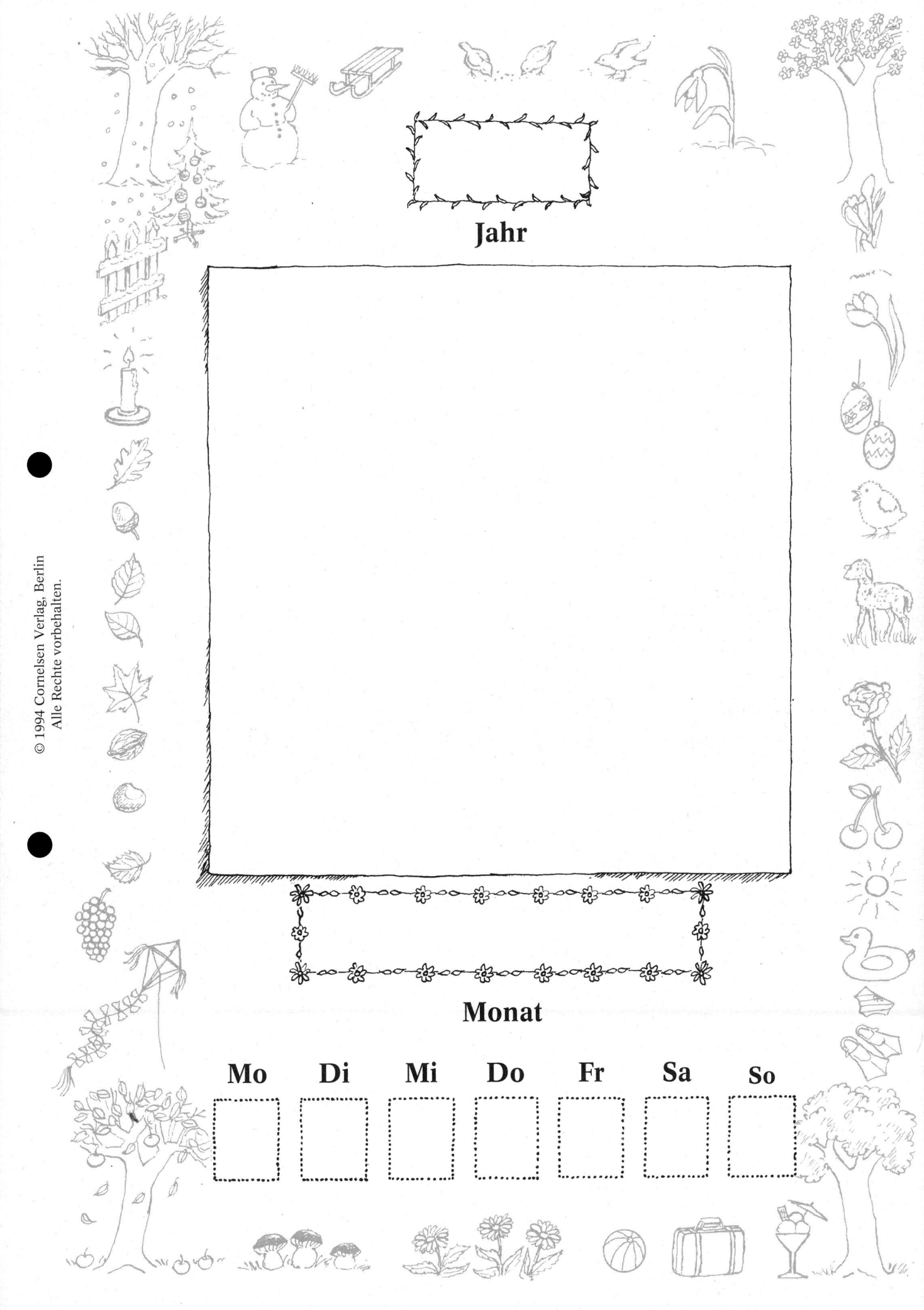

Monat

Mo **Di** **Mi** **Do** **Fr** **Sa** **So**

Das Blätterspiel

Klebe dieses Blatt zuerst auf Karton auf.
Schneide danach an den Linien entlang die Blatt-Kärtchen aus.

Eiche	Kastanie	Eberesche
Birke	**Linde**	**Lärche**
Buche	**Platane**	**Fichte**
Ahorn	**Robinie**	**Kiefer**

© 1994 Cornelsen Verlag, Berlin
Alle Rechte vorbehalten.

Das Blätterspiel

Klebe dieses Blatt zuerst auf Karton auf.
Schneide danach an den Linien entlang die Blatt-Kärtchen aus.

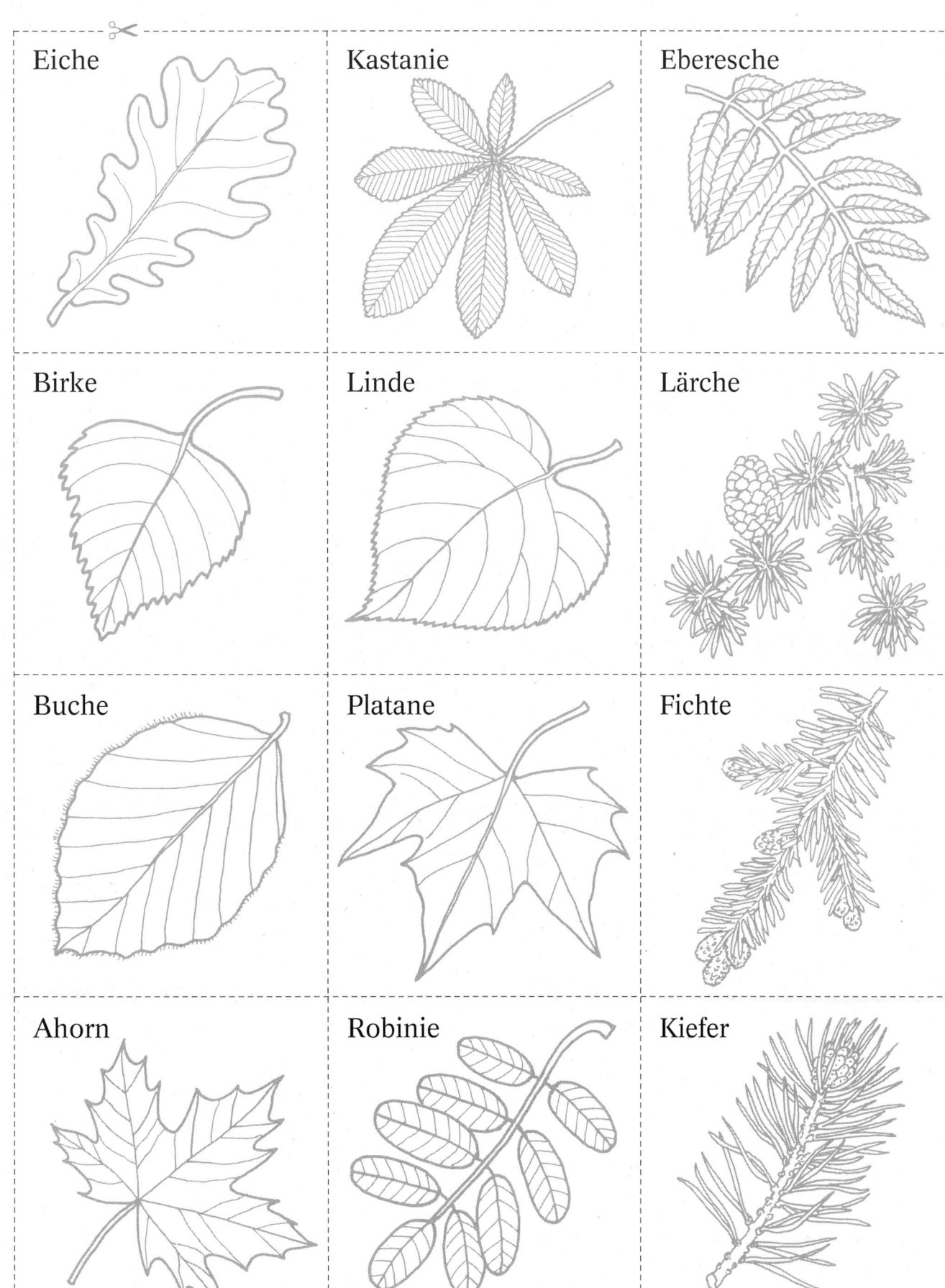

Eiche	Kastanie	Eberesche
Birke	Linde	Lärche
Buche	Platane	Fichte
Ahorn	Robinie	Kiefer

© 1994 Cornelsen Verlag, Berlin
Alle Rechte vorbehalten.

Vögel kennen

Male die Vögel in den richtigen Farben aus. Im Schülerbuch sind sie auf der Seite 45 abgebildet, nur die Amsel fehlt.

Gartenrotschwanz

Seine Oberseite ist blaugrau, seine Brust rot. Wenn er auffliegt, kann man den roten Schwanz besonders gut erkennen.

Buchfink

An seinen zwei leuchtend weißen Streifen an den Flügeln und dem blaugrauen Käppchen kann man ihn gut erkennen.

Kohlmeise

Zu erkennen ist sie an dem schwarzen Kopf mit den weißen Flecken unter den Augen und an der gelben Unterseite.

Amsel

Das Amselmännchen hat ein schwarzes Gefieder und einen gelben Schnabel. Das Weibchen ist graubraun.

Vögel kennen

Male die Vögel in den richtigen Farben aus. Im Schülerbuch sind sie auf der Seite 45 abgebildet.

Grünfink

Er hat ein gelbgrünes Federkleid, und beim Fliegen leuchtet sein Schwanz hellgelb.

Distelfink

Der Distelfink wird auch Stieglitz genannt. Er frißt gerne die Samenkörner der Distel. An dem schwarzweißroten Kopf und den gelben Streifen an den Flügeln kann man ihn gut erkennen.

Dompfaff

Er wird auch Gimpel genannt. Seine Brust und sein Bauch sind rosenrot, und auf dem Kopf hat er ein schwarzes Käppchen.

Feldsperling

Er wird auch Spatz genannt. Er hat ein rotbraunes Käppchen auf dem Kopf und weiße Wangen mit einem schwarzen Fleck.

Die Augentafel

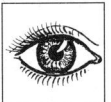

Was sie sagen und was sie meinen

Anne und Thomas

Anne steht heulend vor der Haustür.
Frau Hagen hört es.
Sie öffnet und läßt Anne eintreten.
Frau Hagen fragt:
„Aber Anne, was ist denn?"
Anne schluchzt und schluchzt.
Endlich kann Frau Hagen verstehen, was Anne sagt: „Thomas hat meine Schaufel kaputtgemacht!"
„Was, die neue rote Schaufel?" fragt Frau Hagen. „Ja."
„Aber er kann doch nicht einfach die Schaufel kaputtmachen! Hast du ihn geärgert?" „Nein."
„Hast du ihn geschubst?" „Nein, bestimmt nicht."
„Wer hat mit dem Streit angefangen?" „Thomas."
„Die schöne neue Schaufel", sagt Frau Hagen.

Thomas steht heulend vor der Tür.
Frau Heidemann hört es.
Sie öffnet und läßt Thomas eintreten.
Frau Heidemann fragt: „ Aber Thomas, warum heulst du denn so?"
Aber Thomas heult nur noch lauter.
Endlich hat er sich beruhigt:
„Anne hat mich geschubst."
„Bist du hingefallen?" möchte Frau Heidemann wissen.
„Ja, mein Knie tut so weh."
„Aber sie kann dich doch nicht einfach hinschubsen?" „Doch."
„Hast du sie auch geschubst?"
„Nein, bestimmt nicht."
„Wer hat denn angefangen?"
„Anne."
„Komm mit ins Badezimmer", sagt Frau Heidemann, „ich gebe dir ein Pflaster."

Bilderkarussell

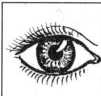

Farbkreisel

Male aus: 1 Feld blau, 1 Feld gelb, 1 Feld blau … oder
1 Feld blau, 1 Feld rot, 1 Feld blau … oder
1 Feld rot, 1 Feld gelb, 1 Feld rot

Schneide den Farbkreisel aus und stecke ein Streichholz durch den Mittelpunkt. Und nun drehen.

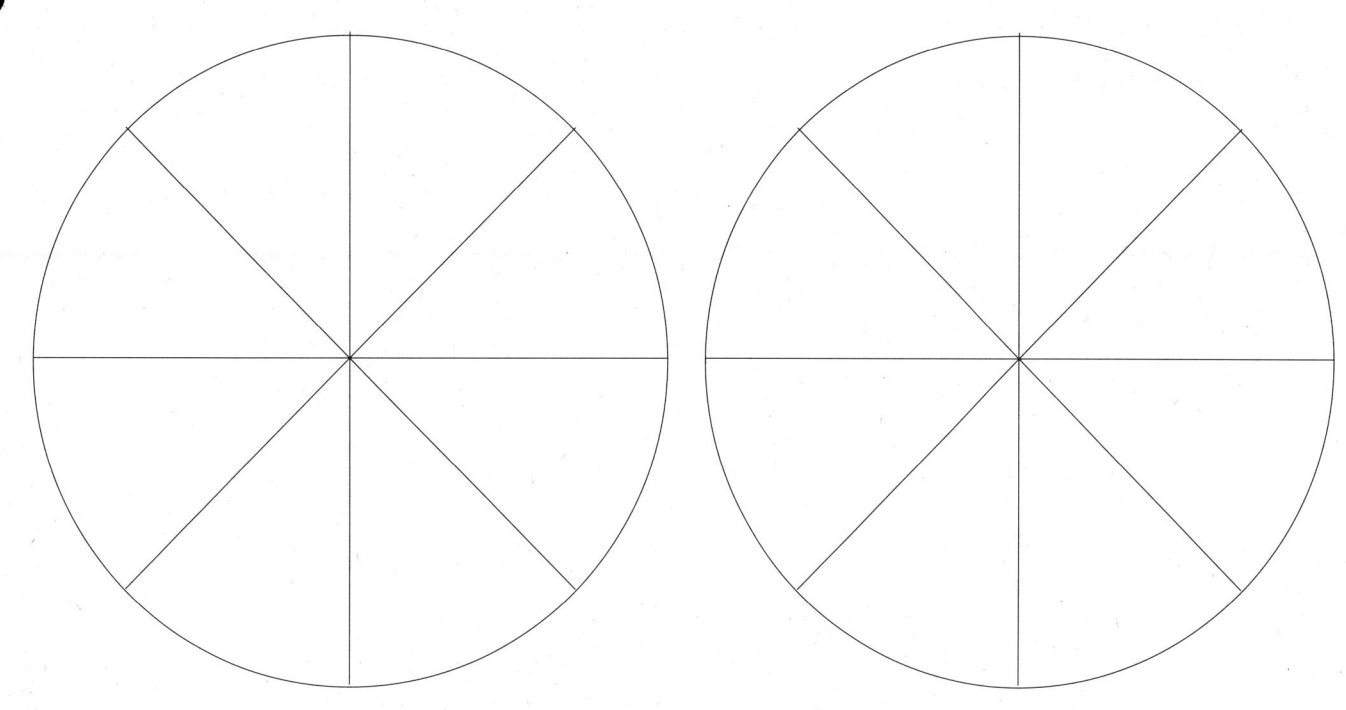

Mit den Fingern lesen

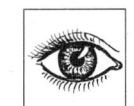

Lege das Arbeitsblatt auf eine weiche Unterlage.

Nimm eine Stecknadel und steche viele Löcher entlang der vorgezeichneten Linien. Die Löcher sollen möglichst dicht und gleichmäßig sein.

Jetzt kannst du das Blatt umdrehen.

Kannst du die Figuren mit den Fingerspitzen lesen, wenn du die Augen geschlossen hast?

Ihr könnt euch auch gegenseitig Aufgaben stellen.

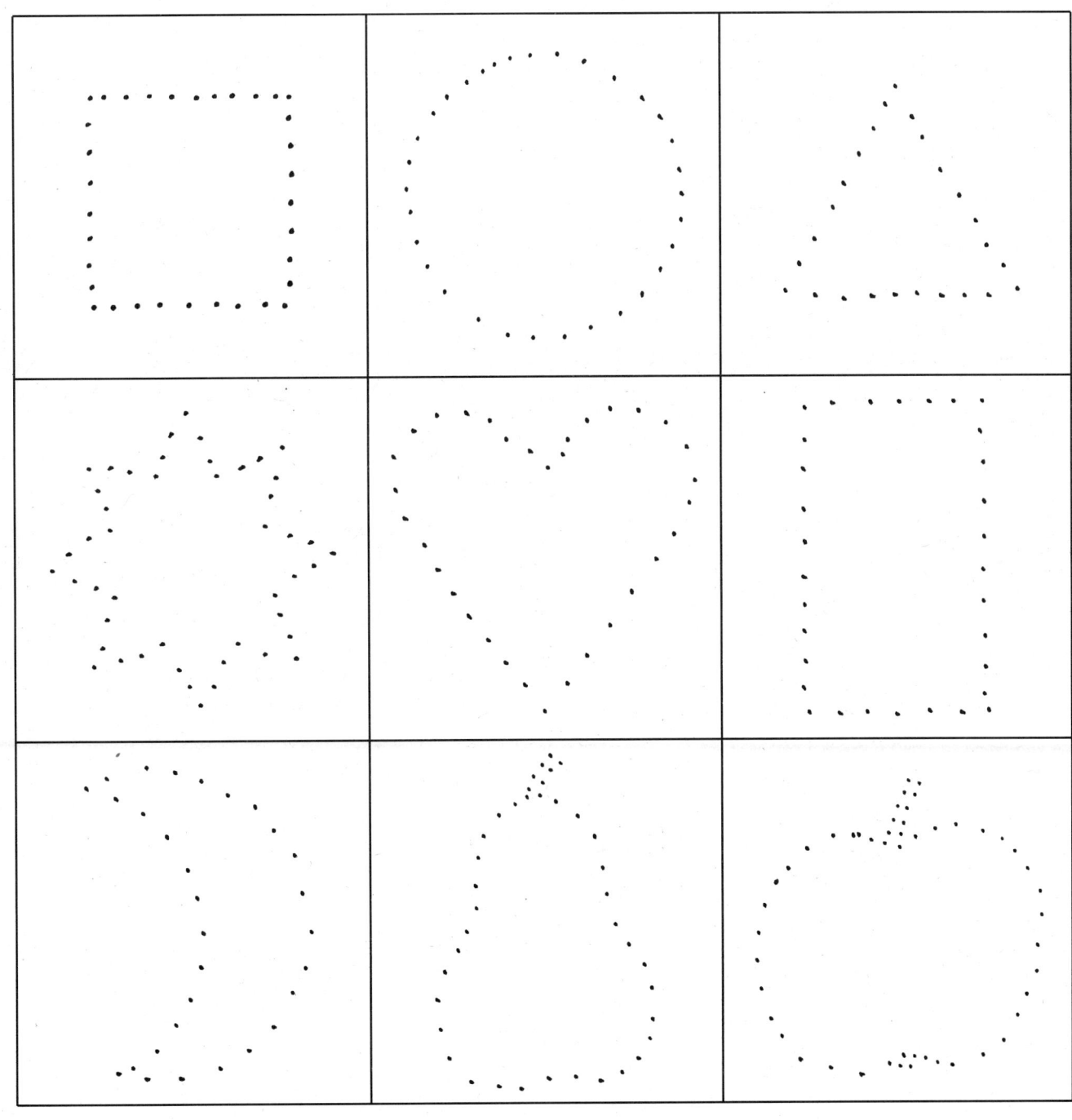

© 1994 Cornelsen Verlag, Berlin
Alle Rechte vorbehalten.

51

Spielkarten für Sinnes-Spiele

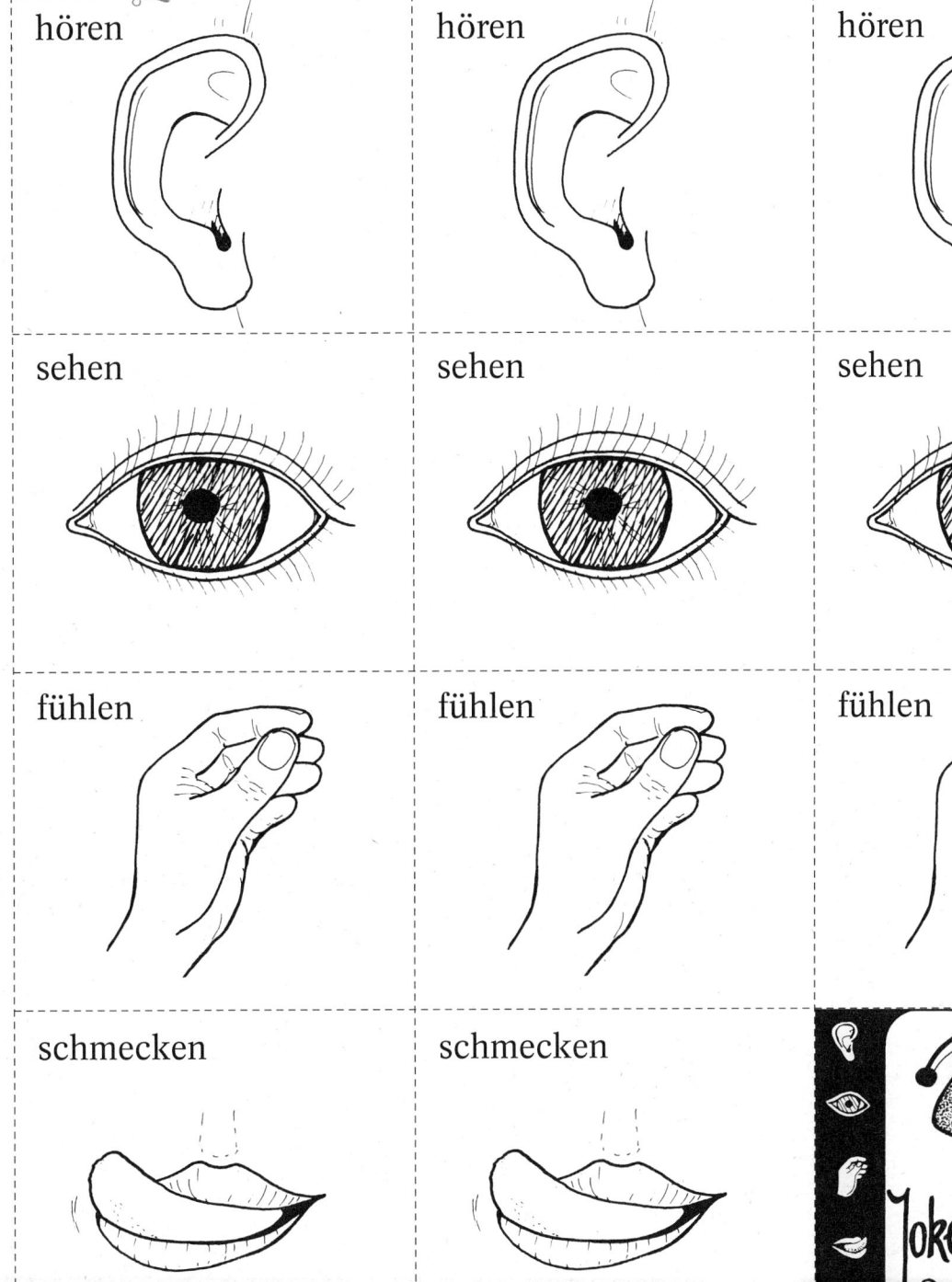

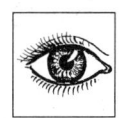

hören	hören	hören
sehen	sehen	sehen
fühlen	fühlen	fühlen
schmecken	schmecken	Joker
riechen	riechen	Joker

© 1994 Cornelsen Verlag, Berlin
Alle Rechte vorbehalten.

53

Spielkarten für Sinnes-Spiele

Zähl-Zirkus

In der Mitte an der ------- Linie durchschneiden, zu einem Mini-Heft falten und zusammenheften.

So könnte man spielen

Es können 6 Kinder mitspielen. Alle schlagen die Seite auf, die zu der gewürfelten Zahl paßt. Alle zählen laut in der dort aufgeschriebenen Sprache von 1 bis 6. In dieser Zeit kann sich das Kind, das dran ist, etwas ausdenken. Sobald die Zahl 6 ausgesprochen ist, muß es seine Zirkusrolle zum Bild auf der Seite spielen.

Man könnte auch andere Regeln erfinden.

Zähl-Zirkus

Ein Spiel mit Wörtern und Zahlen

Zahl	Wort	*Aussprache*
1		
2		
3		
4		
5		
6		

English   englisch

Zahl	Wort	*Aussprache*
1	one	*uan*
2	two	*tu*
3	three	*ßri*
4	four	*for*
5	five	*faif*
6	six	*siks*

deutsch

Zahl	Wort	*Aussprache*
1	eins	
2	zwei	
3	drei	
4	vier	
5	fünf	
6	sechs	

Zahl	Wort	*Aussprache*
1		
2		
3		
4		
5		
6		

© 1994 Cornelsen Verlag, Berlin
Alle Rechte vorbehalten.

türkisch — *Türkçe*

Zahl	Wort	*Aussprache*
1	bir	*bir*
2	iki	*iki*
3	üç	*ütsch*
4	dört	*dört*
5	beş	*besch*
6	....	....

italiano — italienisch

Zahl	Wort	*Aussprache*
1	uno	*uno*
2	due	*due*
3	tre	*tre*
4	quattro	*kwatro*
5	cinque	*tschinke*
6	s	*s ....*

© 1994 Cornelsen Verlag, Berlin
Alle Rechte vorbehalten.

Welcher Ballon fliegt am weitesten?

Was ich ausprobiert habe

Was meinst du, wie weit werden die beiden unteren Ballons fliegen?

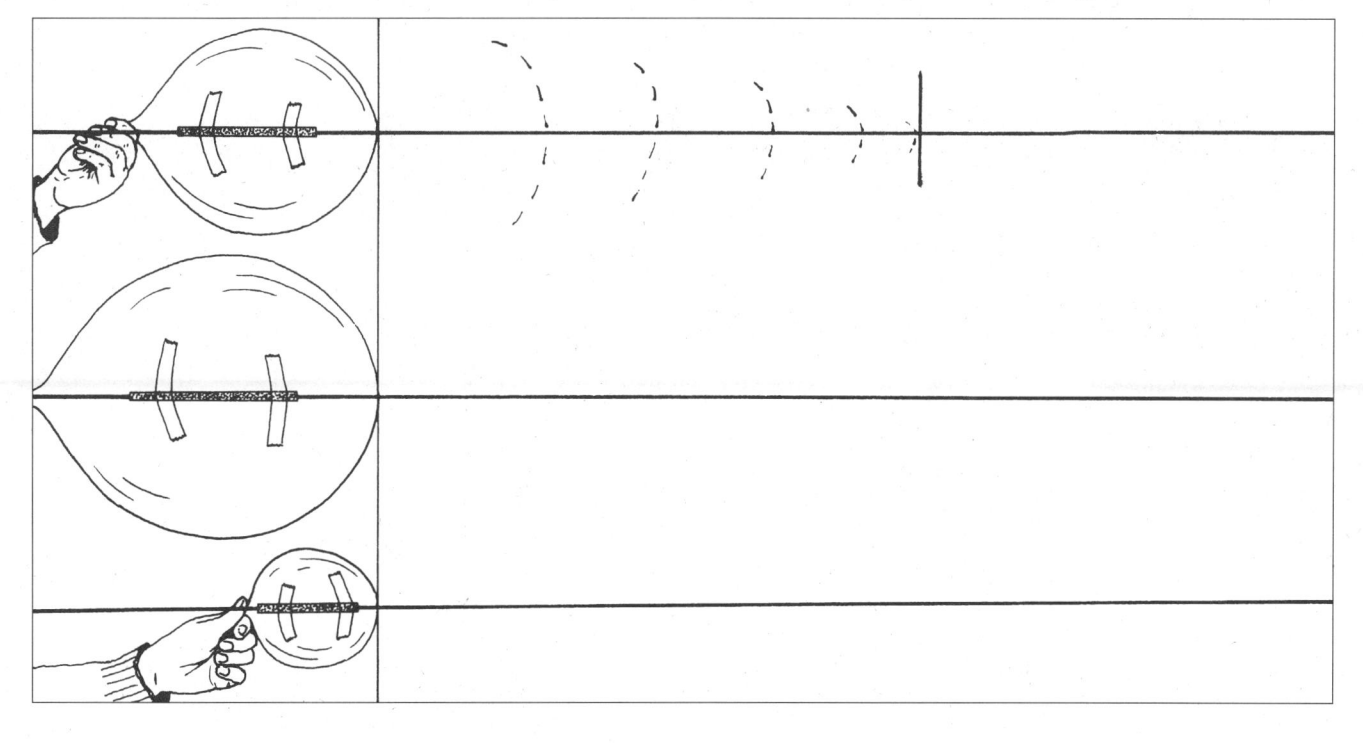

Zeichne einen Strich ein.
Kannst du deine Zeichnung erklären?

Fallschirme

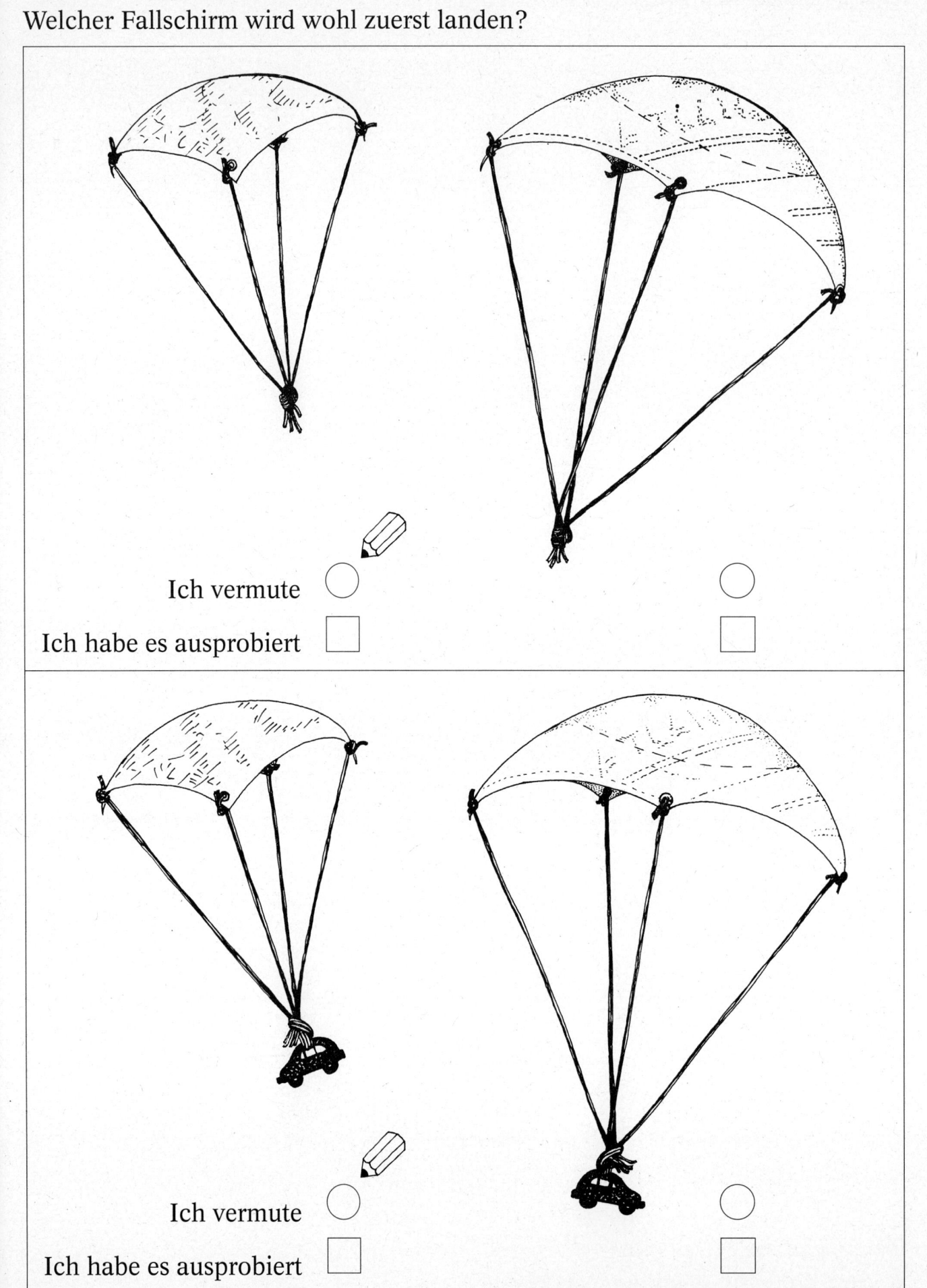

Welcher Fallschirm wird wohl zuerst landen?

Ich vermute ○ ○
Ich habe es ausprobiert ☐ ☐

Ich vermute ○ ○
Ich habe es ausprobiert ☐ ☐

Waschen früher, Waschen heute ✂63

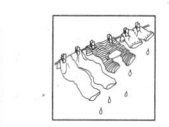

Feuer machen

Waschpulver einfüllen

einweichen

vorwaschen

Wäsche im Wasser hin- und herbewegen

reiben

bürsten

spülen

wringen

schleudern

Wäsche aufhängen

Bügeleisen erhitzen

bügeln

mangeln

Welche Wörter passen zum Waschen früher?
Welche Wörter passen zum Waschen heute?

Ausschneidebogen für Seite 61
„Waschen früher – Waschen heute"

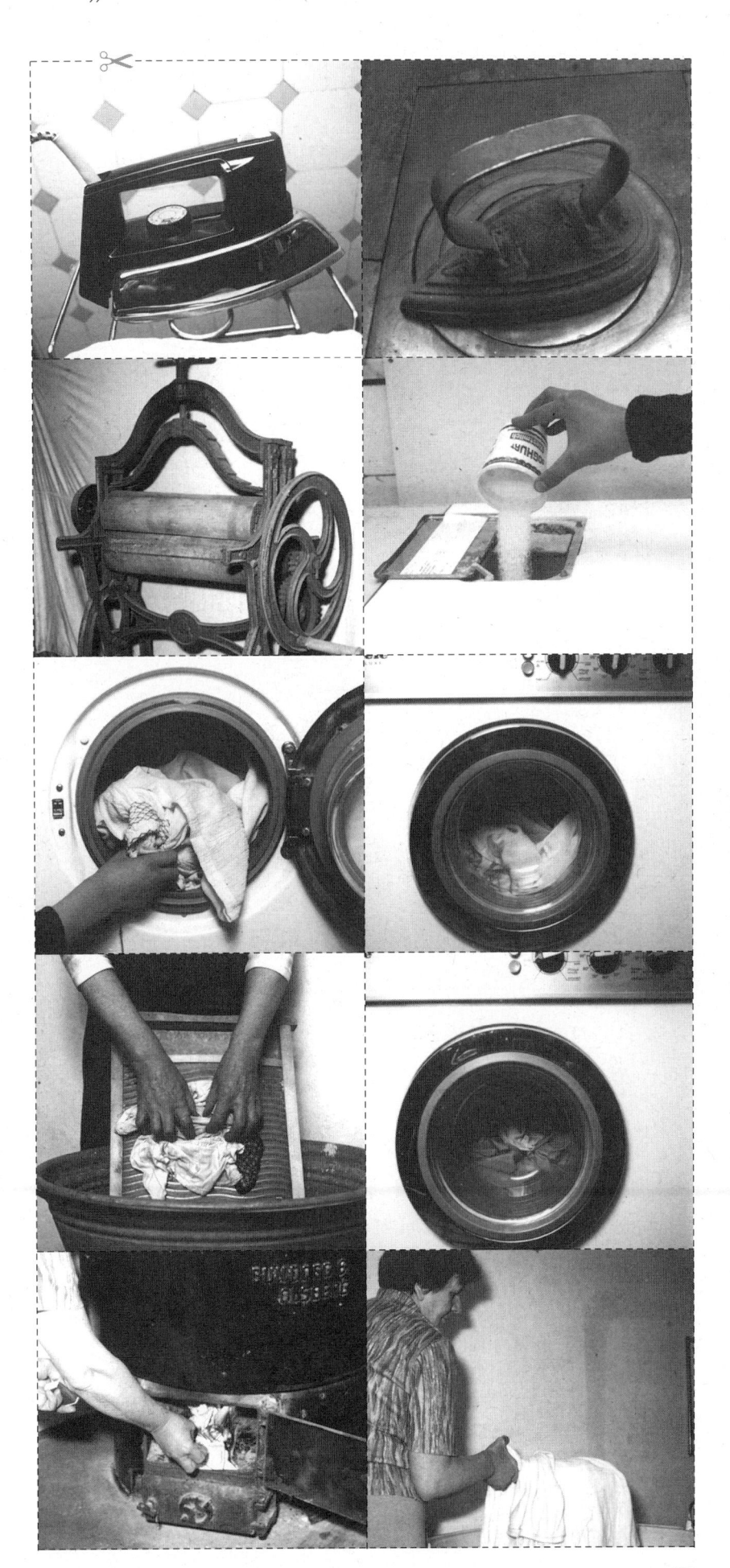

63

Mein Verkehrsspiel

Das Spielfeld
Wenn du die Seiten 66 und 67 an der Klebekante sorgfältig zusammenklebst, hast du das Spielfeld. Du kannst es bunt anmalen.

Die Regeln
Spielen kannst du erst, wenn du dir Spielregeln ausgedacht hast.
An jedem vollen Kreis mußt du dir überlegen, was dort passiert und was die anderen tun müssen. Am besten schreibst du die Regeln auf.
Zum Beispiel so:

- ③ Spielen auf dem Radweg ist nicht erlaubt!
  Zurück zum Start.

- ④ Vor der Schule mußt du langsam fahren.
  Einmal aussetzen.

- ⑱ Du hast Zeichen gegeben und gewartet, gut gemacht.
  Noch einmal würfeln.

Und so weiter.
- Nun mußt du noch überlegen, wer anfangen darf.

Auf Karton kleben
Wenn du alles gut durchgelesen und die Regeln aufgeschrieben hast, dann kannst du das Spielfeld auf Karton kleben. So ist es stabiler.

Was du noch brauchst:

Mein Verkehrsspiel

US-SCHULE

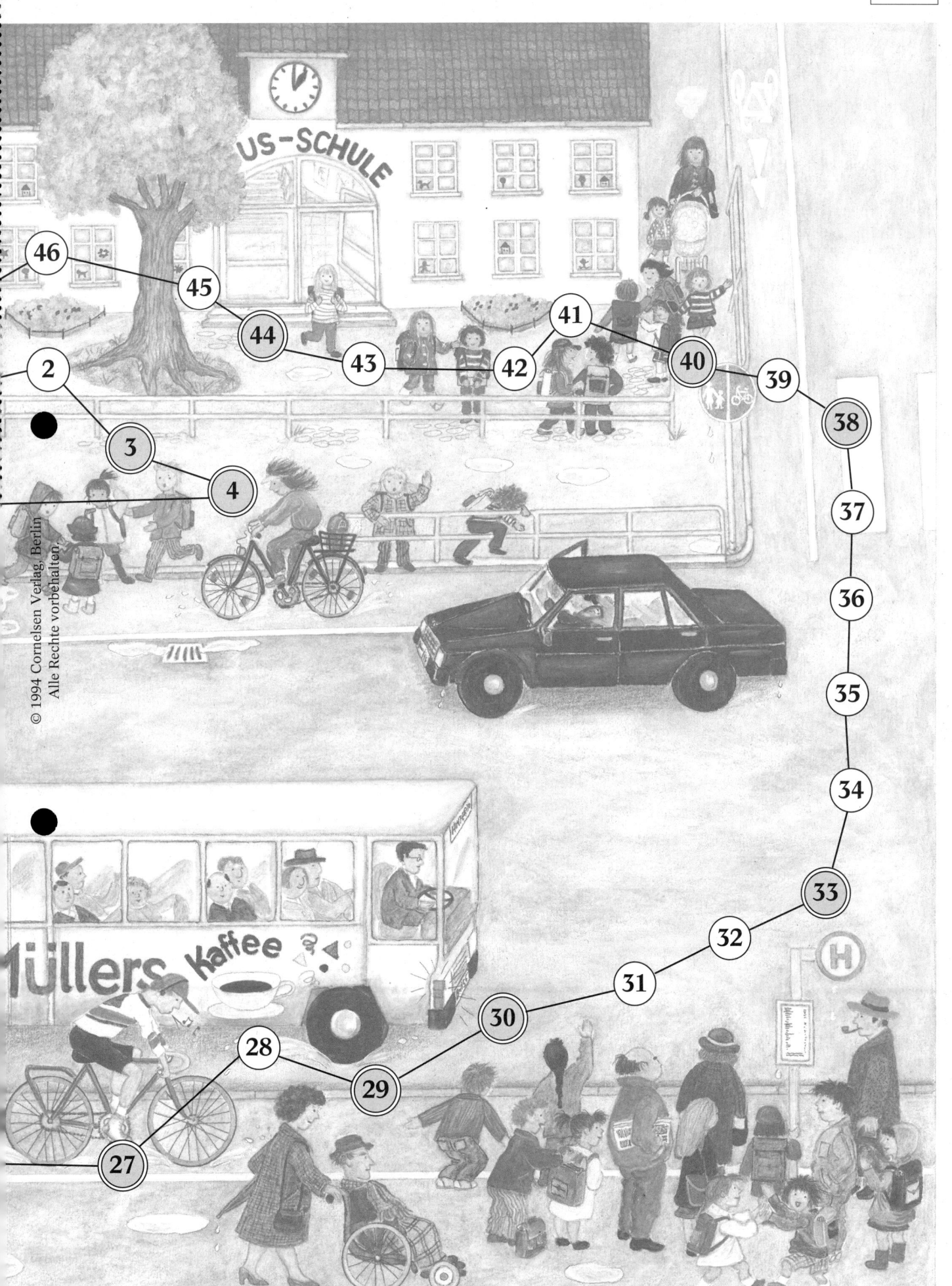

Spielplan zum Einsiedlerspiel

Fotos dazu siehst du im Schülerbuch auf der Seite 79.

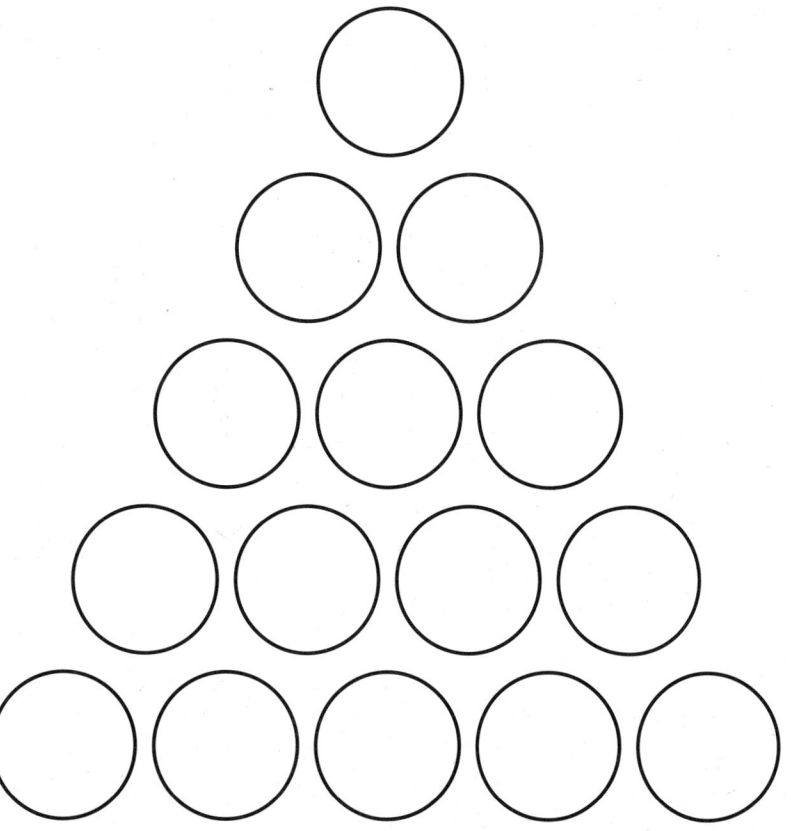

Lege Spielsteine auf die Felder. Ein Feld muß leer bleiben. Wenn du mit einem Spielstein über einen anderen hinweg auf das leere Feld springen kannst, darfst du den übersprungenen Spielstein wegnehmen.
Überlege genau!
Es soll nur 1 Spielstein übrigbleiben.

Ein Spiel aus China: *Tangram*

Schneide diese 4 Dreiecke aus. Wenn du sie vorher auf Karton aufklebst, werden sie stabiler. Du kannst damit alle Figuren legen, die auf den Seiten 71 und 72 aufgezeichnet sind.
Du kannst aber auch selbst neue Figuren finden.

Tangramfiguren

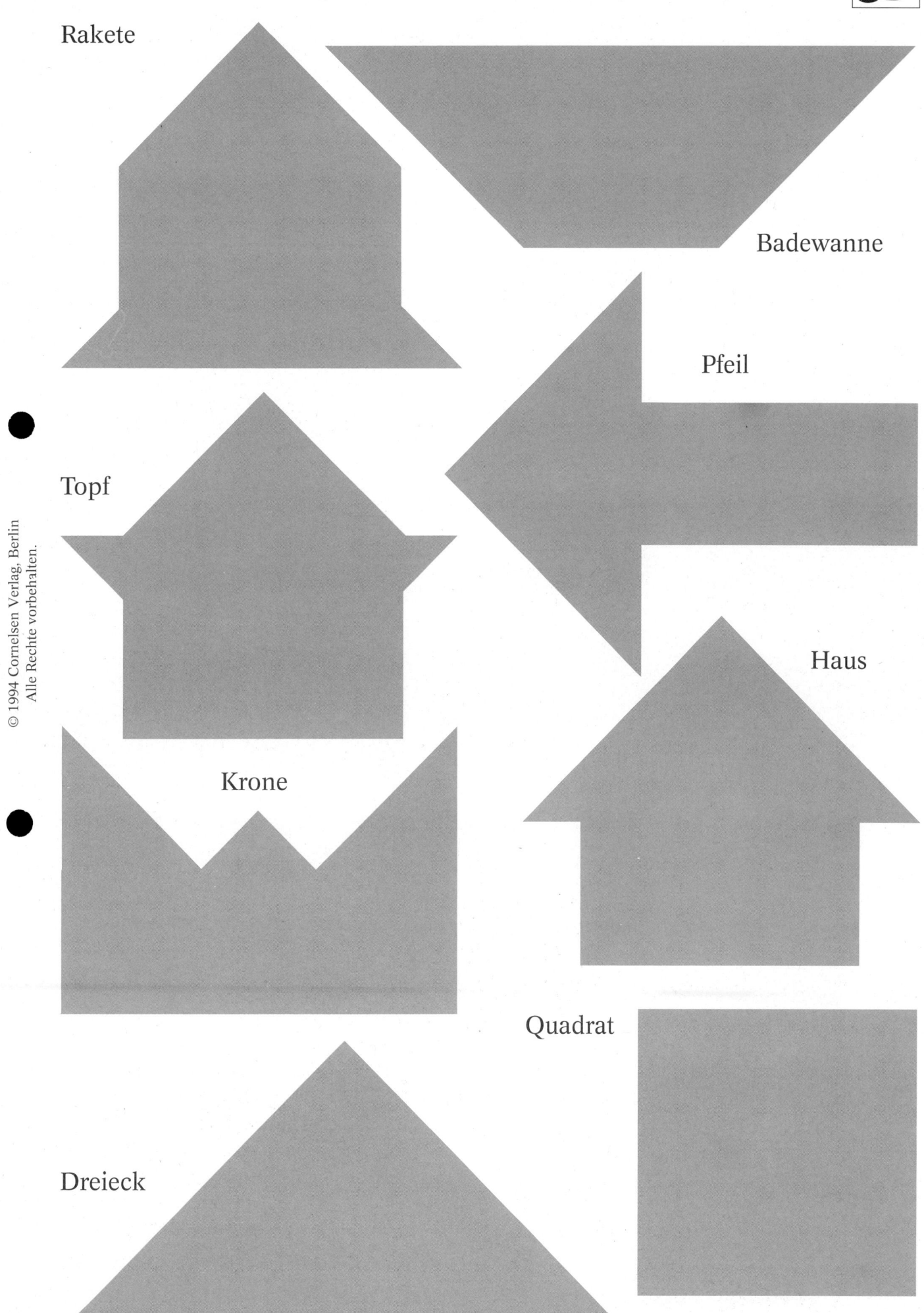

Rakete

Badewanne

Pfeil

Topf

Haus

Krone

Quadrat

Dreieck

Tangramfiguren

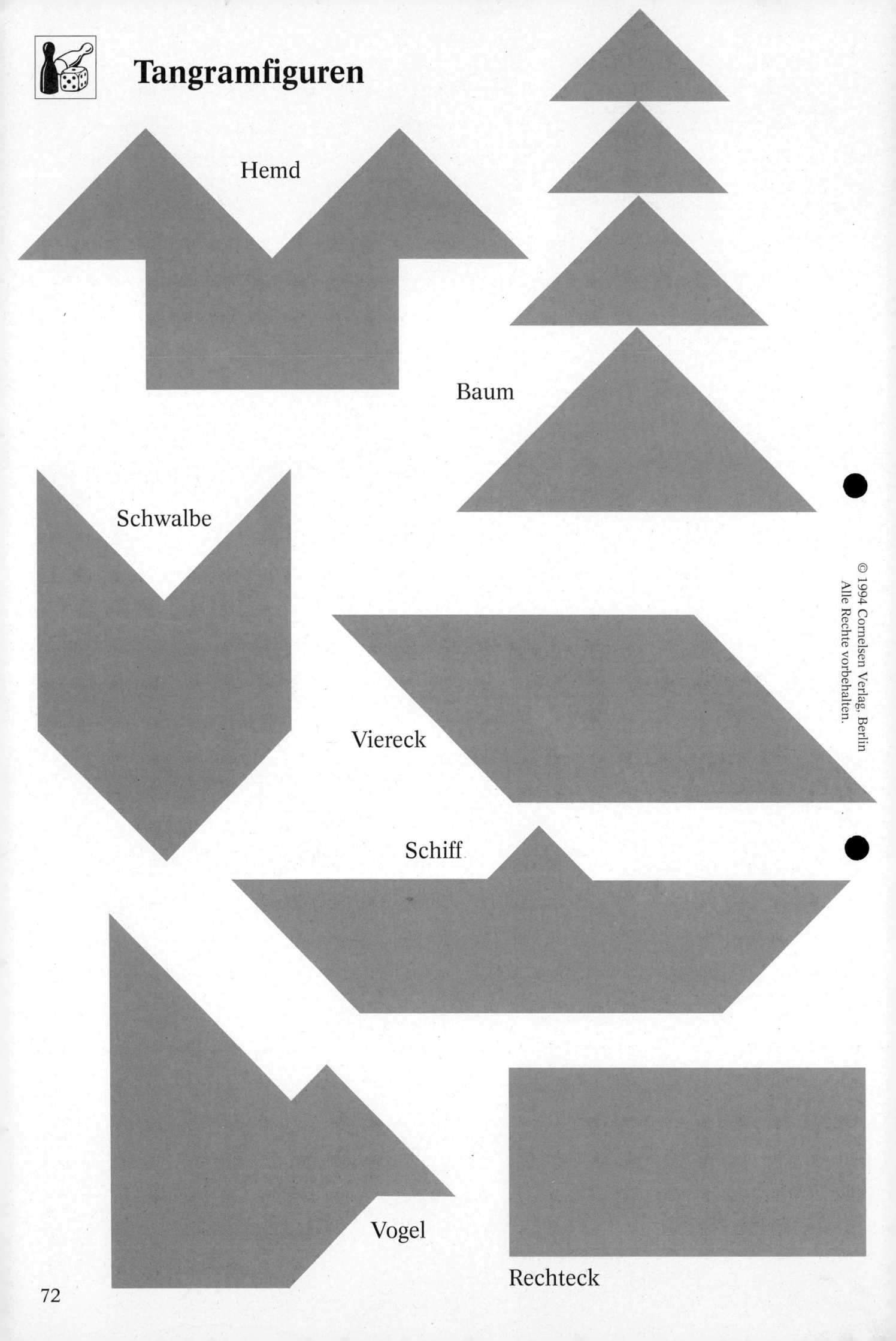

Hemd

Baum

Schwalbe

Viereck

Schiff

Vogel

Rechteck

© 1994 Cornelsen Verlag, Berlin
Alle Rechte vorbehalten.